PilOt

ÇALIŞMA DEFTERİ
ARBEITSHEFT

Mete Atay
Ulaş Atay

3

Schulbuchverlag Anadolu

Pilot 3
Çalışma Defteri
Arbeitsheft

ISBN 978-3-86121-306-2
Best.-Nr.: A3062

Illustrationen: Zuhal Çağdaş
Übersetzung: Schulbuchverlag Anadolu GmbH
Lektorat: Tolga Çelik, Birgit van der Avoort
Layout: Hakan Şan Borteçin
Graphische Gestaltung: Grafik Ofis Ajans, İstanbul
Satz und Layout: Schulbuchverlag Anadolu GmbH

Vertrieb:
Schulbuchverlag Anadolu
Lehmkaul 2
D- 41849 Wassenberg
Telefon: 02433 - 458196-0
Telefax: 02433 - 458196-100
www.anadolu-verlag.de
info@anadolu-verlag.de

Zu diesem Arbeitsheft gehört folgendes Lesebuch:
Pilot 3 · Okuma Kitabı · Best.-Nr.: A3055

Resim – Bild

Kitap sahibinin: Dieses Buch gehört:

Adı / Vorname: ....

Soyadı / Familienname: ....

Doğum tarihi / Geburtsdatum: ....

Doğum yeri / Geburtsort: ....

Okulu / Schule: ....

Adresi / Adresse: ....

....

Telefonu / Telefon: ....

Sınıfı / Klasse: ....

....

1. Öğrencileri kız ve erkek olarak ayır ve yaz.
2. Listeyi kendi sınıf arkadaşlarınla tamamla.

		Kız	Erkek
1-	Anita	Anita	
2-	Zafer		Zafer
3-	Martin		
4-	Nilgün		
5-	Sofie		
6-	Tobias		
7-	Julia		
8-	Cengiz		
9-	Karin		
10-	Serdar		
11-	Kathrin		
12-	Hülya		
13-			
14-			
15-			
16-			
17-			
18-			
19-			
20-			
21-			
22-			
23-			
24-			
25-			
26-			

1. *Unterscheide zwischen Jungen-und Mädchennamen. Schreibe die Namen in die richtige Spalte.*
2. *Ergänze die Liste mit den Namen deiner Klassenkameraden.*

		Mädchen	Jungen
1-	Anita	Anita	
2-	Zafer		Zafer
3-	Martin		
4-	Nilgün		
5-	Sofie		
6-	Tobias		
7-	Julia		
8-	Cengiz		
9-	Karin		
10-	Serdar		
11-	Kathrin		
12-	Hülya		
13-			
14-			
15-			
16-			
17-			
18-			
19-			
20-			
21-			
22-			
23-			
24-			
25-			
26-			

1. Kısaltmaların yanına günlerin isimlerini tam olarak yaz.

Pte ⟶ Pazartesi
Cte ⟶
Cu ⟶
Sa ⟶
Pe ⟶
Ça ⟶
Pa ⟶

2. Derslerin Türkçe kısaltmalarını yaz.

Almanca: Al
Spor:
Din Bilgisi:
Matematik:
Seçmeli ders:
Müzik:
Hayat Bilgisi:
Türkçe:

3. Bisiklet yarışında dereceye girenleri sırası ile yaz.

◆ üçüncü ◆ onuncu ◆ birinci ◆ dokuzuncu ◆ altıncı ◆ ikinci ◆ yedinci ◆ dördüncü ◆ sekizinci ◆ beşinci

Melissa birinci.

1. *Schreibe zu den Abkürzungen die vollständigen Namen der Wochentage.*

Mo ⟶ Montag

Do ⟶

Sa ⟶

Mi ⟶

Fr ⟶

So ⟶

Di ⟶

2. *Schreibe die Abkürzungen der Unterrichtsfächer.*

Deutsch: D

Arbeitsgemeinschaft:

Sport:

Musik:

Religion:

Sachunterricht:

Mathematik:

Türkisch:

3. *Schreibe die Namen der Teilnehmer des Radrennens in der abgebildeten Reihenfolge.*

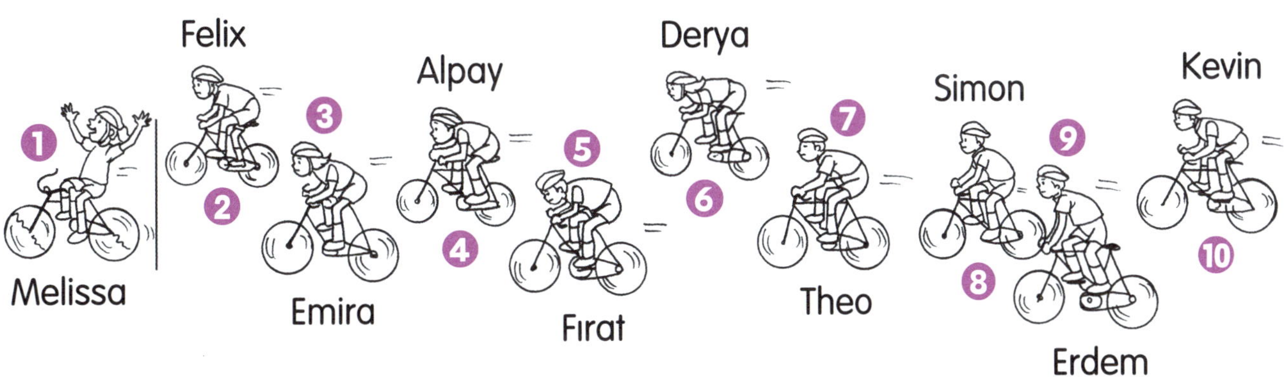

◆ Dritte ◆ Zehnter ◆ Erste ◆ Neunter ◆ Sechste ◆ Zweiter ◆ Siebter ◆ Vierter ◆ Achter ◆ Fünfter

Melissa ist Erste.

1. **Boşlukları doğru harflerle doldurarak sözcükler bul.**

	A	B	C	D	E
1-	m.....n.....o	ga.....et.....	ça.....	.....rm.....t	o.....ma.....
2-	İ.....tan.....ul	.....an.....a	çi.....ol.....ta	.....ar.....ak	o.....u.....
3-	do.....du.....ma	y.....ldı.....	pe.....d.....	ha.....u.....	.....üne.....
4-	.....a.....mun	b.....ru.....	.....am.....a	ra.....y.....	f.....r.....a
5-	ka.....ı.....	pa.....ate.....	k.....la.....	s.....l.....i	k.....p.....k
6-	a.....kada.....	.....an.....olon	çi.....m.....	h.....l.....	.....oma.....es
7-	de.....te.....	gü.....	b.....h.....e	.....ak.....im	sü.....ür.....e
8-	k.....p.....	.....eket	pa.....ar.....esi	yu.....a	ço.....u.....
9-	ta.....şa.....	bi.....ik.....et	e.....m.....k	.....imo.....	ö.....ret.....en
10-	ku.....	f.....n.....an	çi.....e.....	b.....ç.....k	d.....la.....

2. **Sözcükleri sesli olarak oku.**
3. **Sözcük bulma oyununun oynanışı:**

Bir kişi ebe olur. Sözcüklerden birini sesli olarak söyler.
Örneğin: Çizme
Söylenen sözcüğü ilk bulan, sözcüğün yerini söyler: 6-c ve sözcüğü bir cümle kurarak açıklar. Kışın ayağa giyilir.
Eğer doğruysa, bilen yeni bir sözcük söyler ve oyun böyle devam eder.

1. Ergänze die Lücken mit den richtigen Buchstaben.

	A	B	C	D	E
1-	M.....nt.....l	Zei.....un.....	Te.....	B.....rn.....	W.....l.....
2-	Is.....anbu.....	.....asch.....	Sch.....kola.....e	G.....a.....	Sch.....l.....
3-	Ei.....	St.....r.....	Vo.....h.....ng	M.....h.....e	S.....n.....e
4-	A..... .....e	.....as.....	L.....m.....e	.....ad.....o.....	Pi.....se.....
5-	.....öf.....el	Ka.....t.....ffe.....	.....hr	Ra.....ier.....ummi	Hu..... .....
6-	F.....eu.....d	Ho.....e	S.....ie.....el	Tep.....ic.....	.....omat.....
7-	.....ef.....	R.....se	Ga.....te.....	Ka.....en.....er	Be.....e.....
8-	T.....r	Ja..... .....e	M.....nta.....	.....es.....	K.....nd
9-	Ha.....e	Fa.....r.....ad	B.....ot	Zi.....ro.....e	Le.....re.....
10-	S.....n.....	T.....ss.....	.....lu.....e	Me.....se.....	Sch.....an.....

2. Lies die Wörter laut.

3. Anleitung für das Wortfindespiel:

Die Klasse bestimmt einen Spielleiter. Der Spielleiter nennt ein Wort aus der Tabelle. Beispiel: Stiefel. Das Kind, das das Wort zuerst in der Tabelle findet, nennt die Stelle, wo es zu finden ist. In diesem Fall ist es 6-C. Das Kind umschreibt das gefundene Wort in einem Satz. Beispiel: Man trägt es im Winter am Fuß. Wenn das Kind alles richtig gesagt hat, darf es das nächste Wort nennen. Das Spiel setzt sich so fort.

Yolda karşıya geçmek istiyorum. Fakat yaya geçidi ve trafik lambası yok. O zaman şöyle geçerim.

1. *Doğru sıraya koy, önlerine numaralarını yaz.*

◯ Yolun ortasına gelince tekrar sağa bakarım.

(1) Yolun kenarında durur, önce sola bakarım.

◯ Yaya kaldırımına çıkar ve yoluma devam ederim.

◯ Tekrar sola bakar ve araba gelmiyorsa yürürüm.

◯ Sonra sağa bakarım.

2. *Sırası ile resimlerin altına yaz.*

Ich stehe an der Straße und will sie überqueren, aber es gibt weder eine Ampel noch einen Zebrastreifen.

1. *Erkläre, wie du die Straße überquerst, und bringe die Sätze in die richtige Reihenfolge.*

◯ Auf der Mitte der Straße schaue ich noch einmal nach rechts.

(1) Ich stehe an der Straße und schaue zuerst nach links.

◯ Ich gehe auf dem Fußgängerweg weiter.

◯ Ich schaue noch einmal nach links. Wenn die Straße frei ist, gehe ich los.

◯ Danach schaue ich nach rechts.

2. *Schreibe den richtigen Satz unter das entsprechende Bild.*

1. İşaretlerin anlamlarını altlarına yaz. İşaretlerin üzerinde konuş.

....

....

....

....

....

....

....

....

Park yeri
Tuvalet
Gümrük kontrol
Buluşma noktası
Dişçi
Para bozdurma
Uçak kalkış
Doktor

2. İşaretlerin anlamlarını altına yaz. Orijinal renkleri ile boya.

◆ Dur ◆ Yaya geçidi ◆ Bisiklet giremez ◆ Anayol ◆ Dikkat ◆ Girilmez

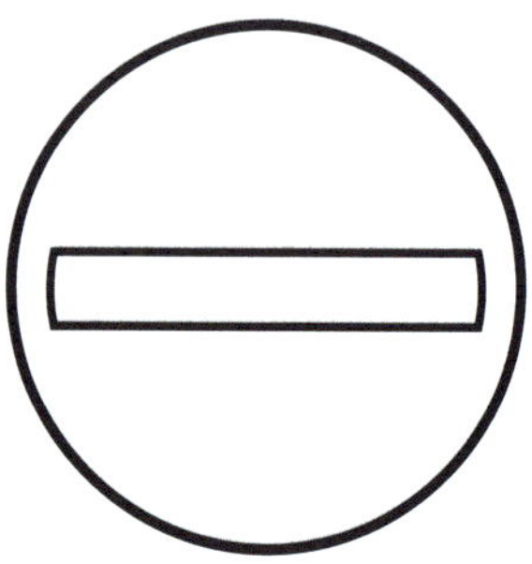
____

____

____

____

____

____

1. Schreibe das jeweilige Wort unter das richtige Zeichen und erkläre es.

Parkplatz
Toilette
Zollkontrolle
Treffpunkt
Zahnarzt
Geldwechsel
Abflug
Arzt

2. Schreibe die Wörter unter die entsprechenden Schilder und male sie in der richtigen Farbe aus.

◆ Stop ◆ Fußgängerüberweg ◆ Verbot für Radfahrer ◆ Vorfahrtstraße ◆ Achtung ◆ Durchfahrt verboten

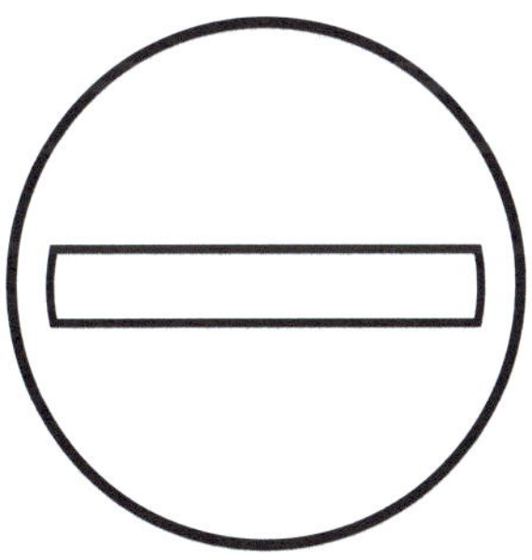

1. *ABC'yi tersinden yaz.*

A = Z	F =	J =	Ö =	U =
B = Y	G =	K =	P =	Ü =
C =	Ğ =	L =	R =	V =
Ç =	H =	M =	S =	Y =
D =	I =	N =	Ş =	Z =
E =	İ =	O =	T =	

2. *Tersinden yapılan ABC ile yazılan şifreli sözcükleri bul.*

MIHTM	ŞZĞT	EÇĞMOBT
KÖPEK		
GZLZEZ	MZPCT	ÜOÜTM

3. *Yukardaki şifre ile adını ve başka sözcükler yaz.*

4. *Sözcükleri, ABC sırasına göre sıraya koy ve yaz.*

◯ sınıf	1	◯ kuş	1
(1) bahçe	2	◯ yılan	2
◯ yatak	3	◯ paket	3
◯ papağan	4	◯ dede	4
◯ lamba	5	◯ aslan	5

1. *Schreibe das Alphabet von hinten nach vorne.*

A = Z	G =	M =	S =	Y =
B = Y	H =	N =	T =	Z =
C =	I =	O =	U =	
D =	J =	P =	V =	Ä = Ü
E =	K =	Q =	W =	Ö = Ö
F =	L =	R =	X =	Ü = Ä

2. *Finde in der Tabelle die entsprechenden Buchstaben aus dem Rückwärts-Alphabet und setze die Wörter zusammen.*

SFMW	NZFH	GÄIPVR
HUND		

HZOZG	PZUUVV	YOFNV

3. *Schreibe deinen Vor- und Nachnamen und andere Wörter in Geheimschrift.*

4. *Bringe die Wörter in die richtige alphabetische Reihenfolge.*

◯	Klasse	1	◯	Vogel	1
◯	Garten	2	◯	Schlange	2
1	Bett	3	◯	Paket	3
◯	Papagei	4	◯	Opa	4
◯	Lampe	5	◯	Löwe	5

1. *Harflerin altına ABC'deki sıra numaralarını yaz.*

A	B	C	Ç	D	E	F	G	Ğ	H	I	İ	J	K	L	M	N	O	Ö	P	R	S	Ş	T	U	Ü	V	Y	Z
1	2	3	4																									

vazo	elektrikçi	yoga	Noel Baba	ceviz
lamba	zebra	kakao	gaz	salata
çekiç	olimpiyat	ananas		iglu
	ışık	üzüm	pasaport	ördek
şeker	telefon	radyo	domino	maske
Japonya	banka	Hollanda	uçak	fotoğrafçı

2. *ABC'deki sıra numaralarını ve sözcükleri ABC sırasına göre yaz.*

1-	A		16-	M	
2-	B		17-	N	
	Ğ				
15-					

1. Nummeriere die Buchstaben des Alphabets durch.

A	B	C	D	E	F	G	H	I	J	K	L	M	N	O	P	Q	R	S	T	U	V	W	X	Y	Z
1	2	3	4																						

Vase	Elektriker	Yoga	Nikolaus	Computer
Lampe	Zebra	Kakao	Gas	Salat
	Olympiade	Ananas	Xylophon	Iglu
Qualm	Telefon		Pass	Wand
		Radio	Domino	Maske
Japan	Bank	Holland	Unfall	Fotograf

2. Schreibe die Wörter entsprechend der Nummerierung der Buchstaben und trage sie in die Tabelle ein.

1-	A		14-	M	
2-	B		15-	O	
13-					

1. Harflerin altını çiz. Sözcüklerdeki ses ve harf sayısını yaz.

Ses sayısı	Sözcük	Harf sayısı
2	ve	2
	güneş	
	araba	
	bahçe	
	limonata	

Ses sayısı	Sözcük	Harf sayısı
4	okul	4
	kova	
	öğretmen	
	top	
	bıçak	

2. Hecelerin altını çiz. Harf ve hece sayılarını yaz.

Harf sayısı	Sözcük	Hece sayısı
3	gün	1
	bulut	
	domates	
	kalorifer	
	Türkiye	

Harf sayısı	Sözcük	Hece sayısı
6	telefon	3
	lokomotif	
	eldiven	
	patates	
	karınca	

3. Sözcükleri doğru sıraya koyarak cümleler kur.

Ben deftere bir at resmi yapıyorum.

◆ deftere ◆ Ben ◆ yapıyorum ◆ at ◆ bir ◆ resmi

◆ evin ◆ araba ◆ duruyor ◆ önünde ◆ bizim

◆ bodrumda ◆ Kedi ◆ yakaladı ◆ fareyi

◆ Emre ◆ dolaptan ◆ pantolonunu ◆ alıyor

◆ akşam ◆ fırçalarım ◆ sabah ◆ dişlerimi ◆ Ben

4. Cümlelerde kaç tane sözcük var?

1. Unterstreiche die Buchstaben. Trenne die Wörter in Laute und Buchstaben. Schreibe die Anzahl der Laute und Buchstaben in die Spalten.

Laute	Wort	Buchstaben
3	und	3
	Sonne	
	Wagen	
	Garten	
	Limonade	

Laute	Wort	Buchstaben
4	Schule	6
	Eimer	
	Lehrer	
	Ball	
	Messer	

2. Unterstreiche die Silben. Schreibe die Anzahl der Buchstaben und Silben in die Spalten.

Buchstaben	Wort	Silben
3	Tag	1
	Wolke	
	Tomate	
	Heizung	
	Türkei	

Buchstaben	Wort	Silben
6	Telefon	3
	Lokomotive	
	Handschuhe	
	Kartoffel	
	Ameise	

3. Bilde Sätze aus den unten genannten Wörtern.

Ich male ein Pferd in mein Heft.

◆ Heft ◆ Ich ◆ Pferd ◆ in ◆ male ◆ ein ◆ mein

◆ Haus ◆ Auto ◆ steht ◆ Unser ◆ vor ◆ unserem

◆ Keller ◆ Die ◆ gefangen ◆ Katze ◆ die ◆ hat ◆ im ◆ Maus

◆ Hose ◆ seine ◆ Emre ◆ aus ◆ Schrank ◆ dem ◆ nimmt

◆ abends ◆ Ich ◆ morgens ◆ und ◆ Zähne ◆ putze ◆ meine

4. Nenne die Anzahl der Wörter in jedem Satz.

1. Uyaklı sözcükleri altına yaz.

balon	koyun	bavul	boru
salon	b	d	s
yaprak	sözlük	ceket	pastane
t	g	p	ke
hamur	saman	peçete	kürek
ç	z	r	y
kafes	çorba	nehir	dilek
n	t	ş	ç
yüzgeç	tabak	kantar	salı
s	k	m	h

2. Başka uyaklı sözcükler bul.

3. Uyaklı sözcüklerle cümleler kur.

Doktor yazar reçete.	Dedem eline alınca sözlük.
Sofraya koydum peçete.	Takar gözüne gözlük.

1. Schreibe die Reimwörter in die Liste.

Fliege	Mutter	Pudel	Sieb
Ziege	B	N	D
Bund	Riese	Schuster	Bier
H	W	M	T
Mut	Frost	Hose	Topf
G	R	D	Kn
Kopf	Korn	Nase	Tasse
Z	H	V	K
Baum	Kern	Reiter	Tasche
Sch	St	L	Fl

2. Finde andere Reimwörter.

3. Bilde aus den Reimwörtern Sätze.

Das ist meine Mutter.	Das ist eine Flasche Bier.
Sie schmiert Butter.	Wir haben zu Hause kein Haustier.

1. Tahtadaki isimleri sesli olarak oku. Bunların anlamları üzerinde konuş.

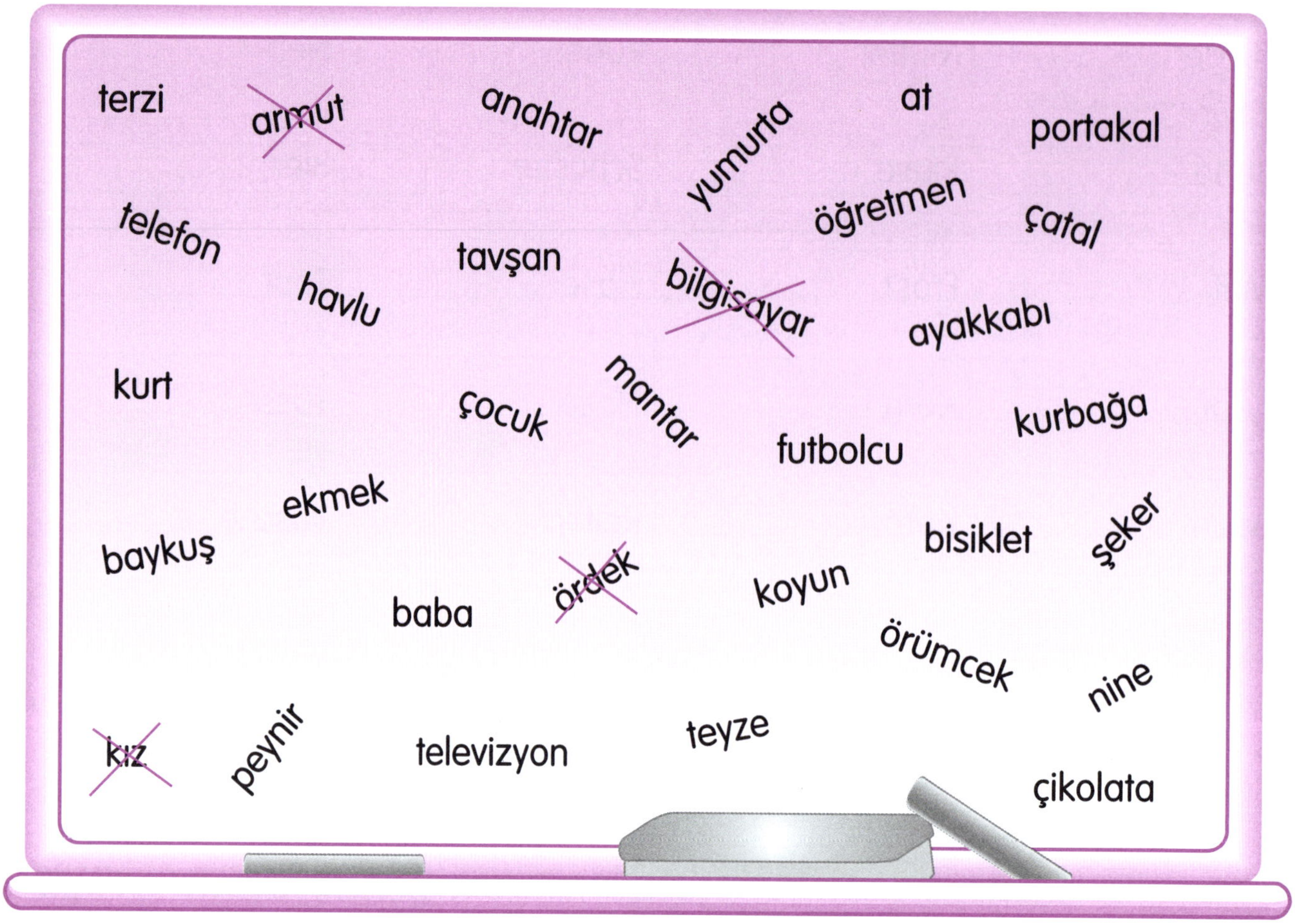

2. İsimleri cinslerine göre tabelaya yaz.
Altta kalan boşluklara uygun isimler bul.

İnsan	Hayvan	Yiyecek	Eşya
kız	ördek	armut	bilgisayar

1. *Lies die Namenwörter laut vor und erkläre ihre Bedeutung.*

Schneider ~~Birne~~ Schlüssel Ei Pferd Orange

Telefon Kaninchen Lehrerin Gabel

Handtuch ~~Computer~~ Schuhe

Wolf Kind Pilz Fußballer Frosch

Brot Bonbon

Eule Vater ~~Ente~~ Schaf Fahrrad

Käse Oma

Tante Spinne

~~Mädchen~~ Fernseher Schokolade

2. *Schreibe die Namenwörter mit Begleiter in die richtige Spalte der Tabelle. Finde für die frei gebliebenen Kästchen in der Tabelle andere Namenwörter.*

Menschen	Tiere	Nahrungsmittel	Gegenstände
das Mädchen	die Ente	die Birne	der Computer

Ben

Benim adım: ....

Babamın adı: ....

Annemin adı: ....

Doğum tarihim: ....

Doğum yerim: ....

Adresim: ....

....

Telefon numaramız: ....

Gittiğim sınıf: ....

Okulumuzun adı: ....

Saç rengim: ....

Göz rengim: ....

Ağırlığım: .... kg.

Boyum: .... cm.

Sevdiğim renkler: ....

....

Sevdiğim hayvanlar: ....

....

Hobilerim: ....

....

Ben büyüyünce .... olmak istiyorum.

Ich

Mein Name: ....

Mein Vater heißt: ....

Meine Mutter heißt: ....

Mein Geburtsdatum: ....

Mein Geburtsort: ....

Unsere Anschrift: ....

....

Unsere Telefonnummer: ....

Meine Klasse: ....

Meine Schule heißt: ....

Meine Haarfarbe: ....

Meine Augenfarbe: ....

Ich wiege: .... Kilogramm.

Meine Größe: .... cm.

Meine Lieblingsfarben: ....

....

Meine Lieblingstiere: ....

....

Meine Hobbys: ....

....

Wenn ich groß bin, möchte ich .... werden.

1. *Evin bölümlerini üzerlerine yaz.*
2. *Bu bölümlerde bulunan eşyaları oku ve altlarına yaz.*

Mutfak

fırın

televizyon

küvet

◆ Yatak odası ◆ Tuvalet+Banyo ◆ Mutfak ◆ Çocuk odası ◆ Oturma odası ◆ Kiler

◆ fırın ◆ televizyon ◆ küvet ◆ yatak ◆ oyuncaklar ◆ süpürge ◆ buz dolabı ◆ koltuk ◆ diş fırçası ◆ elbise dolabı ◆ okul çantası ◆ çizmeler ◆ bulaşık makinesi ◆ vitrin ◆ bornoz ◆ yastık ◆ çalışma masası ◆ kova ◆ mikser ◆ müzik seti ◆ duş ◆ battaniye ◆ okul kitapları ◆ fazla yiyecekler ◆ tencere ◆ saksı çiçeği ◆ sünger ◆ gece lambası ◆ bebekler ◆ temizlik malzemeleri

3. *Bu bölümlerde başka neler bulunur?*
4. *Bu bölümlerde neler yapılır? Anlat.*

1. *Schreibe den Namen des Zimmers über das jeweilige Bild.*
2. *Lies und schreibe die Gegenstände, die in dem abgebildeten Zimmer zu sehen sind, unter das entsprechende Bild.*

Küche

der Backofen

der Fernseher

die Badewanne

◆ Schlafzimmer ◆ Badezimmer ◆ Küche ◆ Kinderzimmer ◆ Wohnzimmer ◆ Abstellraum

◆ der Backofen ◆ der Fernseher ◆ die Badewanne ◆ das Bett ◆ das Spielzeug ◆ der Besen ◆ der Kühlschrank ◆ der Sessel ◆ die Zahnbürste ◆ der Kleiderschrank ◆ der Schulranzen ◆ die Stiefel ◆ die Spülmaschine ◆ die Vitrine ◆ der Bademantel ◆ das Kissen ◆ der Schreibtisch ◆ der Eimer ◆ der Mixer ◆ die Musikanlage ◆ die Dusche ◆ die Decke ◆ die Schulbücher ◆ die Vorräte ◆ der Blumentopf ◆ der Topf ◆ der Schwamm ◆ die Nachttischlampe ◆ die Puppen◆ die Putzsachen

3. *Was gibt es noch in der Wohnung?*
4. *Was kann man noch in den Zimmern machen? Erzähle.*

1. *Çeşitli şekilleri alan fiilleri, yuvarlak içine al ve örnekteki gibi tabelaya yaz. Kalan kısmı benzer şekilde tamamla.*

koşmak O geliyor Sen söylüyorsun Onlar oynadılar Ben koştum
aramak Biz yedik
Biz arıyoruz söylemek gelmek
yemek Biz yiyoruz Biz aradık
Sen söyledin oynamak Ben koşuyorum O geldi Onlar oynuyorlar

Mastar	Şimdiki Zaman	Geçmiş Zaman
koşmak	Ben koşuyorum.	Ben koştum.

2. *Eksikleri tabelaya uygun olarak tamamla.*

Mastar	Şimdiki Zaman	Geçmiş Zaman
	Sen taşıyorsun	taşıdın
içmek		Ben içtim
sormak	soruyoruz	Biz
	O	O uyudu
bilmek	biliyorlar	Onlar
	Siz	Siz gittiniz

1. *Kreise die verschiedenen Zeitformen wie im Beispiel ein und schreibe sie in die Tabelle. Vervollständige die restlichen Lücken in gleicher Form.*

laufen
er kommt
du sagst
suchen
ich lief
wir essen
sie spielten
wir suchen
kommen
essen
sagen
wir suchten
wir aßen
du sagtest
spielen
ich laufe
er kam
sie spielen

Grundform	Gegenwart	Vergangenheit
laufen	ich laufe	ich lief

2. *Vervollständige die Tabelle mit der richtigen Zeitform.*

Grundform	Gegenwart	Vergangenheit
	du trägst	trugst
trinken		
fragen	fragen	wir
	er	er schlief
wissen	wissen	sie wussten
	ihr	ihr gingt

Pilot 3 S. 43

1. *Tabelayı tamamla.*

Şahıslar				
Tekil	1. kişi	ben	beni	bana
	2. kişi			
	3. kişi			
Çoğul	1. kişi			bize
	2. kişi		sizi	
	3. kişi	onlar		

2. *Eksik yerleri tamamla.*

Ben kimim?

.... Ahmet Turan'sın.

Sen .... tanıyor musun?

Evet, ... seni tanıyorum.

Kim .... para verdi?

Babam .... para verdi.

Dün akşam .... kim geldi?

Dün akşam .... misafir geldi.

Havaalanından .... kim aldı?

.... ablam havaalanından aldı.

Bunu .... kim söyledi?

Bunu .... annem söyledi.

1. Vervollständige die Tabelle.

Einzahl	1. Person	ich	mich	mir
	2. Person			
	3. Person	er/sie/es		
Mehrzahl	1. Person			uns
	2. Person		euch	
	3. Person	sie		

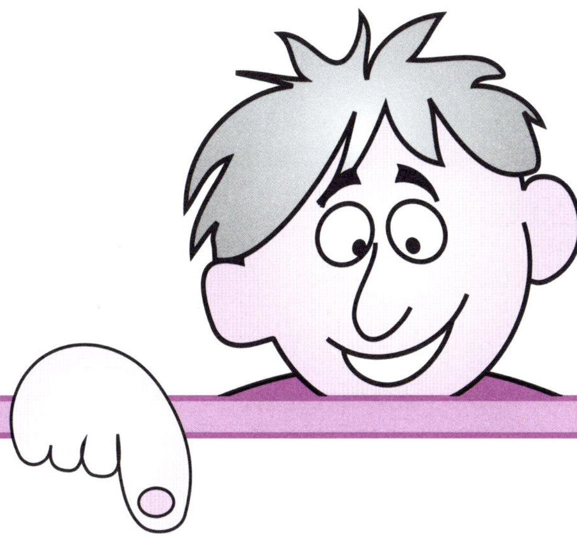

2. Fülle die Lücken aus.

Wer bin ich?

.... bist Ahmet Turan.

Kennst du .... ?

Ja, ich kenne ....

Wer hat .... das Geld gegeben?

Mein Vater hat .... das Geld gegeben.

Wer ist gestern zu .... gekommen?

Gestern Abend sind Gäste zu .... gekommen.

Wer hat .... vom Flughafen abgeholt?

Meine Schwester hat .... abgeholt.

Wer hat .... das gesagt?

Dies hat .... meine Mutter gesagt.

1. Şiiri ve kutuların altındaki yazıları okuduktan sonra, uygun resimler yap.

Ali ile babası pazara gittiler.

Babası Ali'ye dört balon aldı.

Balonlar mavi, sarı, yeşil ve kırmızıydı.

Balonlardan üçü patladı. Yalnız mavi balon kaldı.

Ali mavi balonun üzerine gaga, göz ve kanat çizdi.

2. Son kutuya, sonuçla ilgili bir resim yap ve altına kısaca yaz.

1. *Lies die Texte unter den Kästchen und male zu jedem Text ein Bild.*

Ali und sein Vater gingen zum Markt.

Alis Vater kaufte vier Luftballons.

Die Luftballons waren blau, gelb, grün und rot.

Drei von den Luftballons platzten. Nur der blaue blieb übrig.

Ali malte auf den blauen Luftballon einen Schnabel, Augen und Flügel.

2. *Vervollständige die Geschichte, schreibe den Text unter das letzte Kästchen und male dazu ein Bild.*

1. Aynı sözcük ailesinden olan sözcükleri aynı renkle boya.

günlük	dans etmek	oyuncu	okuma kitabı
tehlikeli	iş	gün	dansçı
oyuncak	okumak	işçi	tehlikeye sokmak
okuyucu	gündüzün	okunaklı	işveren
işsiz	tehlike	dans okulu	oynamak
dans şarkısı	oyun	tehlikesiz	günlük gazete

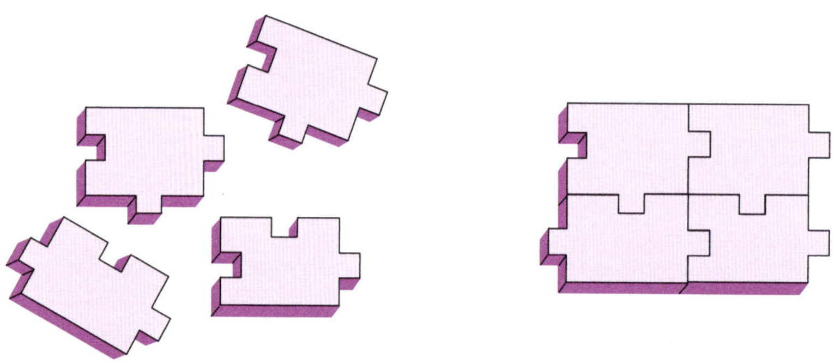

2. Aynı sözcük ailesinden gelen sözcükleri alt alta yaz.

gün		
gündüzün		
günlük		
günlük gazete		

1. *Male die zusammengehörenden Wörter mit der gleichen Farbe aus.*

Tagebuch	tanzen	Spieler	Lesebuch
gefährlich	Arbeit	Tag	Tänzer
Spielzeug	lesen	Arbeiter	gefährden
Leser	tagsüber	leserlich	Arbeitgeber
arbeitslos	Gefahr	Tanzschule	spielen
Tanzlied	Spiel	gefahrlos	Tageszeitung

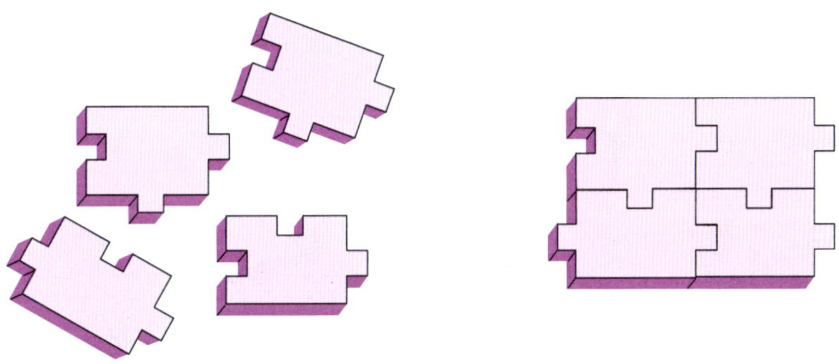

2. *Schreibe die Wörter aus der gleichen Wortfamilie untereinander.*

Tag		
tagsüber		
Tagebuch		
Tageszeitung		

1. Noktalama işaretlerini sesli oku ve aşağıda göster.

◆ virgül ◆ iki nokta ◆ soru işareti ◆ tırnak işareti ◆ parantez
◆ kesme işareti ◆ nokta ◆ ünlem işareti ◆ kısa çizgi ◆ üç nokta

2. Noktalama işaretlerinin yanına adlarını yaz.

. ______________________	... ______________________
, ______________________	() ______________________
: ______________________	- ______________________
? ______________________	“ ” ______________________
! ______________________	’ ______________________

3. Boşluklara, uygun noktalama işaretleri koy.

Ben...... sen...... o...... hepimiz oynayacağız.

Siz nerede oturuyorsunuz......

Eyvah...... otobüsü kaçırdık......

İstanbul......dan Ankara......ya arabayla gidiyoruz......

Sinemaya geliyor musun......

Tatilde iki kitap okudum......

Hans’ı gördün mü......

İmdat...... yangın var......

1. Lies die Satzzeichen laut vor und zeige sie in der Tabelle.

◆ Komma ◆ Doppelpunkt ◆ Fragezeichen ◆ Anführungszeichen
◆ Klammern ◆ Apostroph ◆ Punkt ◆ Ausrufezeichen
◆ Bindestrich ◆ Auslassungspunkte

2. Schreibe die entsprechenden Satzzeichen in die Zeilen.

.	____________	...	____________
,	____________	()	____________
:	____________	-	____________
?	____________	„“	____________
!	____________	’	____________

3. Vervollständige die Lücken mit den richtigen Satzzeichen.

Ich...... du und er werden zusammen spielen.

Wo wohnt ihr......

Oh weh...... wir haben den Bus verpasst......

Kommst du zum Kino......

Ich habe in den Ferien zwei Bücher gelesen......

Hast du Hans gesehen......

Hilfe...... Es brennt......

1. *Hepsinin tersi yazılmış. Yanlarına doğrularını yaz.*

Kışın hava sıcaktır.	Kışın hava soğuktur.
Kar siyahtır.	
Çiçek çirkindir.	
Fil küçüktür.	
Bal acıdır.	
Salyangoz hızlıdır.	
Spor kötüdür.	
Karınca tembeldir.	

◆ büyük ◆ ~~soğuk~~ ◆ beyaz ◆ çalışkan
◆ iyi ◆ tatlı ◆ güzel ◆ yavaş

2. *Eksik yerleri tamamla.*

Ocakta .... başlar.
Şubatta .... kutlanır.
Nisanda .... kutluyoruz.
Sonbaharda .... dökülür.
İlkbaharda .... açar.

yapraklar
yeni yıl
Çocuk Bayramı
çiçekler
Karnaval

3. *Senin, anne ve babanın doğum tarihlerini yaz.*

.... benim doğum günüm var.
.... babamın ....
.... annemin ....

1. *Alle Sätze sind verkehrt. Sage, wie es richtig ist, und schreibe den richtigen Satz daneben.*

Im Winter ist es warm.	Im Winter ist es kalt.
Der Schnee ist schwarz.	
Die Blume ist hässlich.	
Der Elefant ist klein.	
Der Honig ist scharf.	
Die Schnecke ist schnell.	
Sport ist ungesund.	
Die Ameise ist faul.	

◆ groß ◆ ~~kalt~~ ◆ weiß ◆ fleißig ◆ gut ◆ süß ◆ schön ◆ langsam

2. *Fülle die Lücken aus.*

Im Januar fängt das neue .... an.

Im Februar feiern wir ....

Im April feiern wir ....

Im Herbst fallen die ....

Im Frühling blühen die ....

Blätter
Jahr
Kinderfest
Blumen
Karneval

3. *Schreibe die Geburtstage von dir, deiner Mutter und deinem Vater auf.*

Am .... habe ich Geburtstag.

Am .... hat mein Vater ....

Am .... hat meine Mutter ....

1. *Sıfatları uygun varlıklara birleştir ve yanına yaz.*

1 -	~~boş~~	a -	adam	boş bardak
2 -	zengin	b -	limon	
3 -	karanlık	c -	~~bardak~~	
4 -	yeni	d -	reçel	
5 -	ekşi	e -	tavşan	
6 -	tatlı	f -	çocuk	
7 -	yüksek	g -	araba	
8 -	akıllı	h -	gece	
9 -	bozuk	ı -	ağaç	
10 -	korkak	i -	elbise	

2. *Varlıkların önüne uygun sıfatlar bul ve yaz.*

Taze .... ekmek	.... ev
.... biber	.... arkadaş
.... köpek	.... deniz
.... su	.... çiçek
.... top	.... kitap

3. *Tabelaları tamamlayıp deftere yaz.*

ğ	ğ
dü.......me	ya.......mur
so.......an	kurba.......a
da.......	dü.......ün
ö.......retmen	i.......ne
a.......aç	sa.......
ya.......	a.......ır

Ç	ç
.......adır	.......eki.......
u.......ak	.......ocuk
bah.......e	kılı.......
diş.......i	.......i.......ek
ke.......i	ila.......
.......abuk	ivi

1. Ordne die Eigenschaftswörter dem richtigen Namenwort zu und schreibe sie in die Tabelle.

1 -	~~leer~~	a -	Mann	das leere Glas
2 -	reich	b -	Zitrone	
3 -	dunkel	c -	~~Glas~~	
4 -	neu	d -	Marmelade	
5 -	sauer	e -	Hase	
6 -	süß	f -	Kind	
7 -	hoch	g -	Auto	
8 -	klug	h -	Nacht	
9 -	kaputt	i -	Baum	
10 -	ängstlich	İ -	Kleid	

2. Finde die richtigen Eigenschaftswörter und schreibe sie in die Lücken.

ein frisches Brot
ein ______________ Paprika
ein ______________ Hund
das ______________ Wasser
ein ______________ Ball

ein ______________ Haus
ein ______________ Freund
ein ______________ Meer
eine ______________ Blume
ein ______________ Buch

3. Schreibe die deutsche Übersetzung der türkischen Wörter von Seite 40.

der Knopf	der Regen

das Zelt	der Hammer

1. Sözcükleri incele. Ünlü harfleri bul. Ünlü, ünsüz harf sayısını yaz.

Sözcük	Ünlü harfler	Ünlü sayısı	Ünsüz sayısı	Harf sayısı
palto	a-o	2	3	5
örümcek				
kış				
teşekkür				
uçurtma				
domates				
takvim				

Sözcük	Ünlü harfler	Ünlü sayısı	Ünsüz sayısı	Harf sayısı
pazartesi	a-a-e-i	4	5	9
halı				
gömlek				
limonata				
soğuk				
öksürmek				
çocuklar				

2. Eksikleri ünlü harflerle tamamlayarak sözcük bul.

.......rm.......t
f.......s.......ly.......
b.......l.......k
y.......ld.......z

p.......t.......t.......s
k.......l.......m
k.......p.......k
h.......vl.......

g.......n.......ş
.......rd.......k
v.......z.......
k.......d.......

3. Sözcükleri incele. Ünsüz harfleri bul. Ünlü, ünsüz harf sayısını yaz.

Sözcük	Ünlü harfler	Ünlü harf	Ünsüz harf	Harf sayısı
kamera	k-m-r	3	3	6
robot	r-b-t	2	3	5
perşembe	p-r-ş-m-b	3	5	8
garaj				
radyo				

Sözcük	Ünlü harfler	Ünlü harf	Ünsüz harf	Harf sayısı
salata	s-l-t	3	3	6
parmak				
fil				
küpe				
portakal				

4. Ünlü harfleri kırmızı, ünsüz harfleri sarı ile boya.

A B C Ç D E F G Ğ H I İ J K L
M N O Ö P R S Ş T U Ü V Y Z

5. Ünlü harfler: ______________________________

6. Ünsüz harfler: ______________________________

1. *Finde die Selbstlaute und schreibe sie auf. Notiere die Anzahl der Selbstlaute, der Mitlaute und der Buchstaben in der Tabelle.*

Wort	Selbstlaute	Selbst-laute	Mit-laute	Buch-staben
Mantel	a-e	2	4	6
Spinne	i-e	2	4	6
Winter				
Danke				
Drache				
Tomate				
Kalender				

Wort	Selbstlaute	Selbst-laute	Mit-laute	Buch-staben
Montag	o-a	2	4	6
Teppich				
Hemd				
Limonade				
kalt				
Husten				
Kinder				

2. *Ergänze die Selbstlaute und finde das Wort.*

B.......rn.......
B.......hn.......n
F.......sch
St.......rn

K.......rt.......ff.......l
St.......ft
H.......nd
H.......ndt.......ch

S.......nn.......
.......nt.......
V.......s.......
K.......tz.......

3. *Finde die Mitlaute und schreibe sie auf. Notiere die Anzahl der Mitlaute, der Selbstlaute und der Buchstaben in der Tabelle.*

Wort	Mitlaute	Selbst-laute	Mit-laute	Buch-staben
Kamera	k-m-r	3	3	6
Roboter				
Donnerstag	d-nn-rst-g	3	7	10
Garage				
Radio				

Wort	Mitlaute	Selbst-laute	Mit-laute	Buch-staben
Salat	s-l-t	2	3	5
Finger				
Elefant				
Ohrring				
Orange				

4. *Male die Selbstlaute rot und die Mitlaute gelb an.*

A B C D E F G H I J K L M N O

P Q R S T U V W X Y Z

5. *Selbstlaute:* ______________________________

6. *Mitlaute:* ______________________________

1. *Emre'nin yazdığı posta kartını yandaki sözcükler yardımı ile tamamla. Defterine yaz.*

....
Tarih

Sevgili .... (1)

.... (2) selamlar.

Hava çok .... (3). Güzel bir .... (4).

Otel .... (5) kıyısında ama iki tane de

.... (6) var. Otelde

Alman, ... (7), Rus .... (8) var.

Onlarla .... (9) ve .... (10) kabukları topluyoruz.

Üç .... (11) daha Antalya'dayız.

Görüşmek üzere.

.... (12) Emre.

- ◯ deniz
- ◯ Türkiye'den
- ◯ oynuyor
- ◯ oteldeyiz
- (1) Andreas
- ◯ gün
- ◯ Arkadaşın
- ◯ sıcak
- ◯ midye
- ◯ turistler
- ◯ havuzu
- ◯ Fransız

2. *Emre'nin arkadaşı Andreas Müller'in adresini posta kartına yaz.*

(Bergweg 42, 50810 Köln, Almanya)

Gönderen:
Emre Kaya
Sultan Otel
Antalya-Türkiye

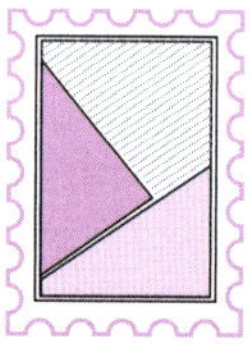

....
Hitap

....
Adı soyadı

....
Sokak Ev numarası

....
Posta kodu Şehir

....
Ülke

3. *Başka bir ülkeden posta kartı gönderirken, nelere dikkat etmek gerekir?*

1. Emre will eine Postkarte schreiben. Ergänze die Postkarte mit den Wörtern aus der Liste und schreibe den Text in dein Heft.

....
Datum

Lieber ....
1
ich sende Dir Grüße ....
2
Das Wetter ist sehr .... Wir sind in einem schönen
3
.... Das Hotel ist am ....
4 5
Aber es gibt auch noch zwei ....
6
Im Hotel sind deutsche, ... und russische
7
.... Mit ihnen .... wir und sammeln
8 9
.... Drei .... sind wir noch in Antalya.
10 11
Bis bald.

.... Emre.
12

- ◯ Meer
- ◯ aus der Türkei
- ◯ spielen
- ◯ Hotel
- (1) Andreas
- ◯ Tage
- ◯ Dein Freund
- ◯ warm
- ◯ Muscheln
- ◯ Touristen
- ◯ Swimmingpools
- ◯ französische

2. Schreibe die Adresse von Emres Freund Andreas Müller auf die Postkarte.

(Bergweg 42, 50810 Köln, Almanya)

Absender:
Emre Kaya
Sultan Otel
Antalya-Türkei

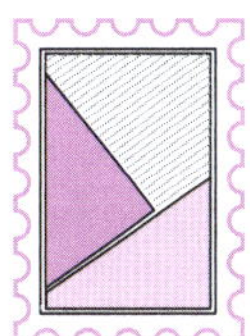

....
Anrede
....
Vorname Nachname
....
Straße Hausnummer
....
Postleitzahl Stadt
....
Land

3. Worauf muss man achten, wenn man aus dem Ausland Postkarten verschickt?

1. Tahtadaki sözcükleri sesli olarak oku. Anlamlarını söyle.

2. Sözcükleri çeşitlerine göre tabelaya yaz.

İsim	Fiil	Sıfat
şişe	ısırmak	renkli

1. Lies die Wörter auf der Tafel laut vor. Erkläre ihre Bedeutung.

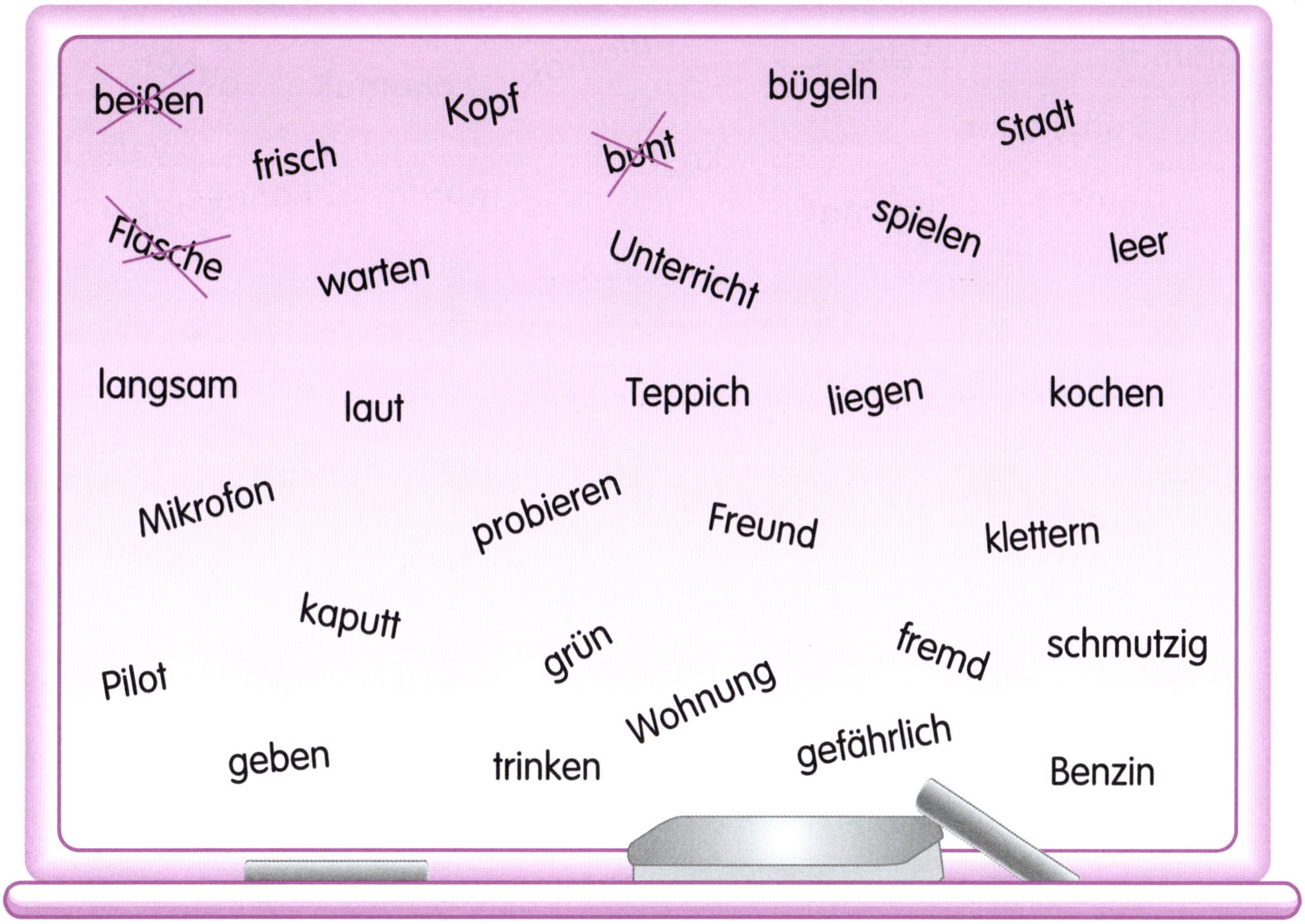

2. Trenne die Wörter in Namenwörter, Tunwörter und Wie-Wörter und schreibe sie in die Tabelle.

Namenwörter	Tunwörter	Wie-Wörter
die Flasche	beißen	bunt

1. Fiillerin sonuna gelen -mek, -mak eklerini yuvarlak içine al. Kalan kökleri sesli olarak oku ve defterine yaz.

tanımak öğrenmek anlamak okumak almak
söylemek koşmak yemek
hissetmek yazmak açmak konuşmak

Fiiller değişik şekiller alır.

2. Değişen fiillerin önüne uygun şahısları yaz.

.... öğreniyorum .... yiyoruz .... konuşuyor
.... söylüyor .... yazıyorum
.... koşuyor .... alıyorsun
.... hissediyorsun
.... okuyorsunuz .... tanıyorum
.... yapıştırıyorsun ...Biz... açıyoruz

3. Fiilleri zamana ve şahıslara uygun olarak tamamla.

Ben soruyorum
Sen ....
O ....
Biz soruyoruz
Siz ....
Onlar ....

.... yaptım
....
O ....
....
.... yaptınız
....

Ben ....
.... oynadın
....
Biz ....
....
.... oynadılar

Ben öğreniyorum
Sen ....
....
.... öğreniyoruz
Siz ....
....

1. *Kreise die Endungen der Tunwörter ein. Lies den Stamm der Tunwörter laut vor und schreibe sie in dein Heft.*

kennen sagen lernen verstehen lesen nehmen öffnen essen fühlen sprechen laufen schreiben

Tunwörter verändern ihre Form.

2. *Setze vor die veränderten Tunwörter die richtige Person.*

.... lerne
.... esst
.... versteht
.... sagt
.... läuft
.... nimmst
.... schreibe
.... lest
.... spricht
.... kenne
.... klebst zu
.... fühlst
Wir öffnen

3. *Vervollständige die Tunwörter nach Zeitform und Person.*

Ich frage ....
Du ....
Er/sie/es ....
Wir fragen ....
Ihr ....
Sie ....

.... machte
....
Er/sie/es ....
....
.... machtet
....

Ich ....
.... spieltest
....
Wir ....
....
.... spielten

Ich lerne ....
Du ....
....
.... lernen
Ihr ....
....

1. Kim kiminle konuşuyor? Birleştir.

2. Soruları kimler soruyor? Cevapları kimler veriyor?
3. Telefon konuşmalarını sınıfta canlandırıp devam ettirin.
4. Telefon konuşmalarından birini örnekteki şekilde yaz.

Selma: Baba, otobüsü kaçırdım. Beni alır mısın?

Baba: Tamam. Sen beni okulun önünde bekle.

1. *Wer redet mit wem? Verbinde die passenden Sprechblasen.*

2. *Wer stellt die Fragen? Wer antwortet?*
3. *Spielt die Telefongespräche in der Klasse nach und führt die Dialoge fort.*
4. *Schreibe eines der Telefongespräche wie im Beispiel auf.*

Selma: Papa, ich habe den Bus verpasst. Kannst du mich abholen?

Vater: Also gut. Warte vor der Schule auf mich.

1. Hayvanların isimlerini sesli olarak söyle.
Her sırada saklanan hayvan adını bul. Aynı renkle boya.

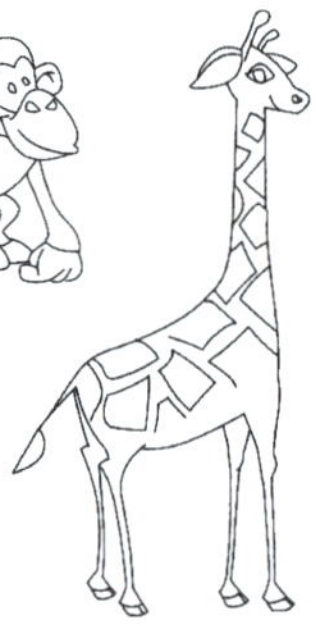

	1	2	3	4	5	6	7	8	9	10
1	A	T	E	T	İ	M	S	A	H	L
2	O	B	E	Ş	E	K	Ö	S	İ	F
3	E	M	A	Y	M	U	N	İ	T	Ü
4	S	A	K	T	A	F	İ	L	D	U
5	J	A	G	E	Y	İ	K	Ş	Z	Y
6	P	A	P	A	Ğ	A	N	L	G	E
7	M	İ	N	Ş	A	D	O	M	U	Z
8	E	S	A	H	İ	N	D	İ	M	E
9	L	A	Z	Ü	R	A	F	A	S	I
10	D	O	M	B	O	T	İ	L	K	İ

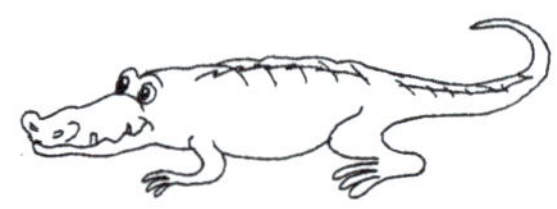

2. Bulunan hayvanların adlarını, tekil ve çoğul olarak yaz.

Tekil	Çoğul
timsah	timsahlar

1. *Finde die Tiernamen, die sich in jeder Reihe verstecken. Nenne die Namen der Tiere. Male die Tiernamen farbig an.*

	1	2	3	4	5	6	7	8	9	10
1	P	K	R	O	K	O	D	I	L	W
2	A	B	E	S	E	L	T	K	M	N
3	F	C	U	I	O	A	F	F	E	H
4	O	E	L	E	F	A	N	T	X	G
5	H	I	R	S	C	H	D	E	A	S
6	F	S	A	P	A	P	A	G	E	I
7	H	Z	S	C	H	W	E	I	N	Y
8	K	E	T	R	U	T	H	A	H	N
9	O	G	I	R	A	F	F	E	L	S
10	T	A	F	U	C	H	S	H	I	L

2. *Schreibe die Namen der Tiere in Einzahl und Mehrzahl.*

Einzahl	Mehrzahl
das Krokodil	die Krokodile

1. Tabeladaki eksik sözcükleri tamamla.

hızlı	daha hızlı	en hızlı
	daha uzun	
		en sıcak
zengin		
	daha çalışkan	
		en pahalı
tatlı		
	daha yaşlı	
güzel		
		en iyi
	daha çok	

2. Yukardaki sözcükleri kullanarak, değişik varlıkları karşılaştır.

Çocuk hızlı.	Kuş daha hızlı.	Uçak en hızlı.
Kurşun kalem uzun.	Cetvel	Metre

1. *Ergänze die fehlenden Wörter in der Tabelle.*

schnell	schneller	am schnellsten
	länger	
		am wärmsten
reich		
	fleißiger	
		am teuersten
süß		
	älter	
schön		
		am besten
	mehr	

2. *Bilde mit den Steigerungsformen der Wie-Wörter aus der Tabelle, Sätze wie im Beispiel.*

Das Kind ist schnell. Der Vogel ist schneller. Das Flugzeug ist am schnellsten.

Der Bleistift ist lang. Das Lineal Der Meter

1. Resimleri incele. Metni oku.

1 Ahmet yolda yürüyordu. Bir evin penceresinden dumanlar çıktığını gördü.

2 Hemen yakındaki telefon kulübesine koştu.

3 Telefon kulübesinden, itfaiyenin ve acil kurtarmanın numarası 112'yi aradı. Yangın olan evin adresini verdi.

4 Telefon kulübesinin önünde beklerken itfaiye geldi.

5 İtfaiye erleri hemen işe koyuldular.

6

2. Resimlerin altına, metinle ilgili numaraları yaz.
3. Olayın devamını anlat.
4. Bunları defterine yaz. Uygun bir başlık bul.

1. Betrachte die Bilder. Lies den Text.

Ahmet ging spazieren.
Aus dem Fenster eines
Hauses sah er Rauch aufsteigen. 1

Er lief direkt zum nächsten
Telefonhäuschen. 2

Vom Telefonhäuschen aus rief er
sofort die Nummer der Feuerwehr
und des Notrufs 112 an. Er teilte
die Adresse des brennenden
Hauses mit. 3

Noch während er vor dem
Telefonhäuschen wartete, kam
schon die Feuerwehr. 4

Die Feuerwehrmänner begannen
sofort mit der Arbeit. 5

6

2. Schreibe die Nummer des richtigen Textes unter die entsprechenden Bilder.

3. Erzähle die Geschichte weiter.

4. Schreibe die Geschichte in dein Heft. Finde eine passende Überschrift.

1. *Uygun sözcükleri karşılarına yaz.*

Türkiye'nin başkenti: ____________________

Türkiye'nin resmi dili: ____________________

Türk para birimi: ____________________

Türkiye'nin uluslararası trafik işareti: ____________________

Türk Hava Yollarının kısaltması: ____________________

Türkiye'nin en kalabalık şehri: ____________________

◆ İstanbul ◆ THY ◆ Türk Lirası ◆ Türkçe ◆ Ankara ◆ TR

2. *Bunlar kimdir? Nedir? İsimlerini altlarına yaz ve boya.*

____

____

____

____

____

____

◆ Hacivat ile Karagöz ◆ Nasrettin Hoca ◆ Türk Bayrağı
◆ Mustafa Kemal Atatürk ◆ Türkiye Haritası ◆ Noel Baba

1. Fülle die Lücken aus.

Die Hauptstadt der Türkei: ______________________

Die Sprache in der Türkei: ______________________

Die türkische Währung: ______________________

Das internationale Länderkennzeichen der Türkei: ______________________

Die Abkürzung der türkischen Fluggesellschaft: ______________________

Die größte Stadt der Türkei: ______________________

◆ Istanbul ◆ THY ◆ Türkische Lira ◆ Türkisch ◆ Ankara ◆ TR

2. Wer oder was ist das? Schreibe die Namen unter die Bilder und male die Bilder aus.

____

____

____

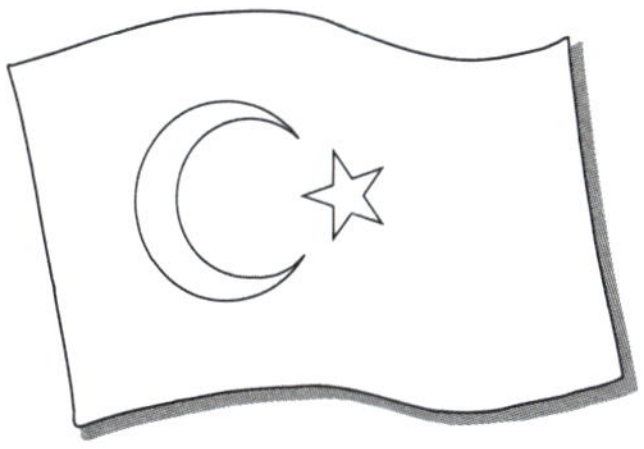

____

____

____

◆ Nasrettin Hoca ◆ Hacivat und Karagöz ◆ Türkische Flagge
◆ Mustafa Kemal Atatürk ◆ Türkei-Karte ◆ Nikolaus

1. *Denizleri mavi, komşuları sarı, Türkiye'yi kırmızı renkle boya.*

2. *Şehirleri, verilen sıra numarasına göre yaz.*

1		6	
2		7	
3		8	
4		9	
5		10	

3. *Sözcüklere gelen ekleri tamamla.*

Biz Türkiye'...................... Bursa'...................... oturuyoruz.
Dedem Konya'...................... Berlin'...................... gelmiş.
Tatilde İzmir'...................... ve Antalya'...................... gittik.
Türkiye'...................... başkenti Ankara'.......................
Bu tren Köln'...................... Mainz'...................... gidiyor.

1. Male die Türkei rot, die Meere blau und die Nachbarstaaten gelb aus.

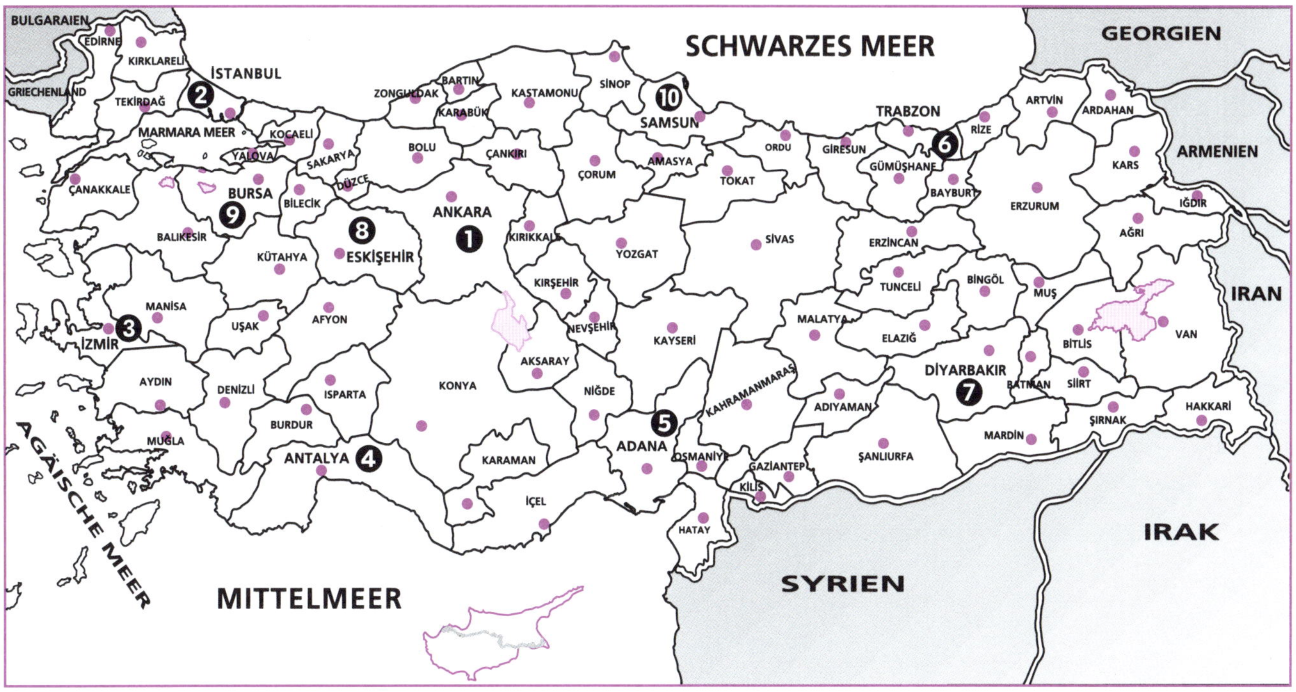

2. Schreibe die Städtenamen entsprechend der angegebenen Zahlen.

1		6	
2		7	
3		8	
4		9	
5		10	

3. Fülle die Lücken aus.

Wir wohnen .... der Türkei .... Bursa.

Mein Opa kam .... Konya .... Berlin.

In den Ferien sind wir .... Izmir und .... Antalya gefahren.

Die Hauptstadt .... der Türkei .... Ankara.

Dieser Zug fährt .... Köln ....Mainz.

"S" "s" mi? "Z" "z" mi?

....onguldak
kırmı....ı
....amsun
mayı....
ku....u
temi....
doku....
ma....al
....aba
....engin
a....lan
mi....afir
ka....ak
....abun

S z

....ivri
....inek
tu....
gü....el
cevi....
maka....
ü....üm
....onbahar
herke....
ha....ta
otobü....
patate....
ha....iran
gündü....
....eytin

s Z

S - s		Z - z	
Samsun		Zonguldak	

"J" "j" mi? "Y" "y" mi?

baga....
....ıldız
....apon
....eni
ener....i
....ılan
ba....rak
a....ran
....ilet
ma....ıs
....eton
Ka....mak
a....da
....udo

j Y

....alçın
pi....ama
A....nur
le....lek
....ale
ambala....
gara....
e....lül
....avuz
ka....ık
vira....
ko....un
mü....de
....andarma

J y

Y - y		J - j	
Yalçın		Japon	

Anneler günü için, dünyanın en küçük dört sayfalık kitabını resimle. Makasla gösterilen yerden kes. Noktalı yerlerden katla, kıvır ve anneler gününde, annene hediye et. Eğer istersen aynı teknikle kendin de başka kitaplar yapabilirsin. Ya da bu kitabın içine yeni sayfalar ekleyebilirsin.

Çok, daha çok, en çok
Beni en çok kim sever?
Öper, okşar, "canım" der.
Beni en çok annem sever.

Çok, daha çok, en çok,
En çok kimi severim?
Hayatta herşeyden çok
Ben annemi severim.

Aziz Sivaslıoğlu

Anneciğim seni ben,
Çiçeklerden yemişten,
Sarı saçlı bebekten,
Canımdan çok severim.

Gitme hep yanımda kal,
Beni kollarına al,
Pembe gülden daha al,
Yanağından öperim.

Melahat Uğurkan

Sana çiçekler topladım,
Kırlardan, bahçelerden renk, renk...

Sana meyveler, yemişler, yiyecekler
Getirdim çeşit, çeşit...

Fakat en güzel çiçek,
En tatlı yiyecek sensin.
Hatta onlardan bile
Tatlı ve güzelsin.
Sen benim canım annemsin
Bir tanemsin.

Başımdan elin,
Kulağımdan sesin,
Yanağımdan öpücüğün eksik olmasın...

Seni ne kadar sevdiğimi, anlatabildim mi?

Oğlun/Kızın..

.........Mayıs 20.........

Seni çok ama çok seviyorum Anne.